Hilde Domin · Oskar Koller

AUF DER SUCHE NACH DEM LICHT

4. erweiterte Auflage 2024

Gedichte: Hilde Domin, Sämtliche Gedichte.
Herausgegeben von Nikola Herweg und Melanie Reinhold.
Mit einem Nachwort von Ruth Klüger.

Reproduktionen der Manuskripte und Typoskripte: Deutsches Literaturarchiv Marbach
Herausgegeben von Hellena Astáras, Thomas Hein und Erich Koslowski
Druck: FINIDR

ISBN 978-3-98549-031-8
www.praesenz-verlag.com

Hilde Domin

AUF DER SUCHE NACH DEM LICHT

Aquarelle von Oskar Koller

Präsenz leben

Inhalt

Anhang

Auf der Suche nach dem Licht

Hilde Domin hat ihr Leben lang nicht aufgegeben zu suchen, „denn sonst lebten wir nicht“, wie sie in einer Auseinandersetzung mit dem Werk Franz Kafkas schreibt. Bei aller Melancholie, die sich in ihrem beinahe hundert Jahre währenden Leben fast zwangsläufig eingestellt hat, ist ihr Werk und Wirken durchdrungen von Sehnsucht, Hoffnung und Leidenschaft. Ihre Sehnsucht nach Heimat wollte gestillt werden in der deutschen Sprache; allein darin ist so viel gelebte Hoffnung! Leidenschaftlich hat sie immer wieder ihr *dennoch* proklamiert, gelehrt, geflüstert, prophezeit.

Was wäre aus Europa, aus Deutschland geworden nach den Weltkriegen, hätten sich die Mutigen, die Leidenschaftlichen, die Visionäre nicht auf den Weg gemacht, sich nicht ans Werk gemacht? Oskar Koller hat nach der russischen Kriegsgefangenschaft sehr bald wieder zu malen begonnen; wenig später nur hat Hilde Domin ihre ersten Gedichte veröffentlicht. Für den Maler war es das kostbare Weiß seiner Aquarellkartons, was der Dichterin *das Nichtwort / ausgespannt / zwischen / Wort und Wort* war. Was nicht gesagt, nicht gemalt wird, hält die Spannung, hält die Sehnsucht wach nach Heimat, Freiheit, Begegnung, Wärme und Licht.

Erstaunlich, wie sich die bildhaften Ausdrucksweisen der beiden Jahrhundertkünstler ähneln: *Eine große Blüte stieg / leuchtend blaß / aus meinem Herzen* (aus: Im Tor schon).

Hat der Leser nicht Aquarelle von Oskar Koller vor Augen, Bilder aus dem Herzen, weniger der Natur als der Empfindung nachgebildet, diese erst ausbildend? Und in ihrem Gedicht *Auf der Terrasse* beschreibt Hilde Domin die hypnotische Wirkung die *Das Meer, perlensanft gerieft / und silbern wie Taubenflügel* auf sie hat. Ihr Schreiben stockt. Sie hält inne. Das Erleben selbst ist noch größer als die Kunst. Senden nicht die zarten Striche, die offenen Formen und weißen Flächen bei Oskar Koller eine ähnliche Botschaft? Fast demütig nähern sich beide Künstler ihrem Gegenstand an, setzen mit größter Vorsicht Worte und Farben.

30 Länder hat Oskar Koller intensiv bereist. Hilde Domins Exil führte sie nach langer Odyssee in die Dominikanische Republik; sie war in über 15 Ländern auf Lesereise. Wo endet die Suche, die Suche nach dem Licht? Sie endet nicht. Sie muss weitergehen und mündet immer wieder in der Sehnsucht, der Hilde Domin, der jeder mit Leidenschaft treu bleiben muss:
der Wunsch verschont zu bleiben / taugt nicht / Es taugt die Bitte / daß bei Sonnenaufgang die Taube / den Zweig vom Ölbaum bringe (aus: Bitte).

Erich Koslowski

Nur eine Rose als Stütze

Ich richte mir ein Zimmer ein in der Luft
unter den Akrobaten und Vögeln:
mein Bett auf dem Trapez des Gefühls
wie ein Nest im Wind
auf der äußersten Spitze des Zweigs.

Ich kaufe mir eine Decke aus der zartesten Wolle
der sanftgescheitelten Schafe die
im Mondlicht
wie schimmernde Wolken
über die feste Erde ziehn.

Ich schließe die Augen und hülle mich ein
in das Vlies der verläßlichen Tiere.
Ich will den Sand unter den kleinen Hufen spüren
und das Klicken des Riegels hören,
der die Stalltür am Abend schließt.

Aber ich liege in Vogelfedern, hoch ins Leere gewiegt.
Mir schwindelt. Ich schlafe nicht ein.
Meine Hand
greift nach einem Halt und findet
nur eine Rose als Stütze.

Ziehende Landschaft

Man muß weggehen können
und doch sein wie ein Baum:
als bliebe die Wurzel im Boden,
als zöge die Landschaft und wir ständen fest.
Man muß den Atem anhalten,
bis der Wind nachläßt
und die fremde Luft um uns zu kreisen beginnt,
bis das Spiel von Licht und Schatten,
von Grün und Blau,
die alten Muster zeigt
und wir zuhause sind,
wo es auch sei,
und niedersitzen können und uns anlehnen,
als sei es an das Grab
unserer Mutter

Lago Maggiore

Auf Wolkenbürgschaft

für Sabka

Ich habe Heimweh nach einem Land
in dem ich niemals war,
wo alle Bäume und Blumen
mich kennen,
in das ich niemals geh,
doch wo sich die Wolken
meiner
genau erinnern,
ein Fremder, der sich
in keinem Zuhause
ausweinen kann.

Ich fahre
nach Inseln ohne Hafen,
ich werfe die Schlüssel ins Meer
gleich bei der Ausfahrt.
Ich komme nirgends an.
Mein Segel ist wie ein Spinnweb im Wind,
aber es reißt nicht.
Und jenseits des Horizonts,
wo die großen Vögel
am Ende ihres Flugs
die Schwingen in der Sonne trocknen,
liegt ein Erdteil
wo sie mich aufnehmen müssen,
ohne Paß,
auf Wolkenbürgschaft.

Wie wenig nütze ich bin

Wie wenig nütze ich bin,
ich hebe den Finger und hinterlasse
nicht den kleinsten Strich
in der Luft.

Die Zeit verwischt mein Gesicht,
sie hat schon begonnen.
Hinter meinen Schritten im Staub
wäscht Regen die Straße blank
wie eine Hausfrau.

Ich war hier.
Ich gehe vorüber
ohne Spur.
Die Ulmen am Weg
winken mir zu wie ich komme,
grün blau goldener Gruß,
und vergessen mich,
eh ich vorbei bin.

Ich gehe vorüber –
aber ich lasse vielleicht
den kleinen Ton meiner Stimme,
mein Lachen und meine Tränen
und auch den Gruß der Bäume im Abend
auf einem Stückchen Papier.

Und im Vorbeigehn,
ganz absichtslos,
zünde ich die ein oder andere
Laterne an
in den Herzen am Wegrand.

Koller 89

Fürchte dich nicht

Die Rose sagt:
Fürchte dich nicht
meine Blätter sind heute
ganz stabil.
Kein Windstoß wird mich
vor deinen Augen
entblößen.

Der Baum
atmet Vertrauen
und will daß ich mich anlehne.
Er sei bestimmt
nicht angehackt.

Das Vogelei
auf der Astgabel
hält das Versprechen
der kleinen weißen Balance.
Es ruht stille im Wind
bis den bangen Augen im Dotter
ein Federbalg wächst,

der auf den Zweig fliegt
und singt.

Rosen
2000

G. Koller 2000

Im Regen geschrieben

Wer wie die Biene wäre,
die die Sonne
auch durch den Wolkenhimmel fühlt,
die den Weg zur Blüte findet
und nie die Richtung verliert,
dem lägen die Felder in ewigem Glanz,
wie kurz er auch lebte,
er würde selten
weinen.

Windgeschenke

Die Luft ein Archipel
von Duftinseln.
Schwaden von Lindenblüten
und sonnigem Heu,
süß vertraut,
stehen und warten auf mich
als umhüllten mich Tücher,
von lange her
aus sanftem Zuhaus
von der Mutter gewoben.

Ich bin wie im Traum
und kann den Windgeschenken
kaum glauben.
Wolken und Zärtlichkeit
fangen mich ein,
und das Glück beißt
seinen kleinen Zahn
in mein Herz.

Hand

Haus ohne Fenster

Der Schmerz sargt uns ein
in einem Haus ohne Fenster.
Die Sonne, die die Blumen öffnet,
zeigt seine Kanten
nur deutlicher.
Es ist ein Würfel aus Schweigen
in der Nacht.

Der Trost,
der keine Fenster findet und keine Türen
und hinein will,
trägt erbittert das Reisig zusammen.
Er will ein Wunder erzwingen
und zündet es an,
das Haus aus Schmerz.

Unterricht

Jeder der geht
belehrt uns ein wenig
über uns selber.
Kostbarster Unterricht
an den Sterbebetten.
Alle Spiegel so klar
wie ein See nach großem Regen,
ehe der dunstige Tag
die Bilder wieder verwischt.

Nur einmal sterben sie für uns,
nie wieder.
Was wüßten wir je
ohne sie?
Ohne die sicheren Waagen
auf die wir gelegt sind
wenn wir verlassen werden.
Diese Waagen ohne die nichts
sein Gewicht hat.

Wir, deren Worte sich verfehlen,
wir vergessen es.
Und sie?
Sie können die Lehre
nicht wiederholen.

Dein Tod oder meiner
der nächste Unterricht:
so hell, so deutlich,
daß es gleich dunkel wird.

Sämann

Der große Sämann,
ungerufen,
blies einen Atem von Blumensamen über mich hin
und streute eine Saat
von Kornblumen und rotem Mohn
in meine Weizenfelder.

Das leuchtende Unkraut,
mächtiger Sämann,
wie trenn ich es je
von den Ähren,
ohne die Felder
zu roden?

Gartentür
O. Koller 86

April

Die Welt riecht süß
nach Gestern.
Düfte sind dauerhaft.

Du öffnest das Fenster.
Alle Frühlinge
kommen herein mit diesem.

Frühling der mehr ist
als grüne Blätter.
Ein Kuß birgt alle Küsse.

Immer dieser glänzend glatte
Himmel über der Stadt,
in den die Straßen fließen.

Du weißt, der Winter
und der Schmerz
sind nichts, was umbringt.

Die Luft riecht heute süß
nach Gestern –
das süß nach Heute roch.

Rückkehr

Meine Füße wunderten sich
daß neben ihnen Füße gingen
die sich nicht wunderten.

Ich, die ich barfuß gehe
und keine Spur hinterlasse,
immer sah ich den Leuten auf die Schuhe.

Aber die Wege feierten
Wiedersehen
mit meinen schüchternen Füßen.

Am Haus meiner Kindheit blühte
im Februar
der Mandelbaum.

Ich hatte geträumt,
er werde blühen.

O. Koller 91

Bitte an einen Delphin

Für Christine Busta

Jede Nacht
mein Kissen umarmend wie einen sanften Delphin
schwimme ich weiter fort.

Sanfter Delphin
in diesem Meer von Herzklopfen,
trage mich,

wenn es hell wird,
an einen gütigen Strand.
Fern der Küste von morgen.

O. Koller 92

Mit leichtem Gepäck

Gewöhn dich nicht.
Du darfst dich nicht gewöhnen.
Eine Rose ist eine Rose.
Aber ein Heim
ist kein Heim.

Sag dem Schoßhund Gegenstand ab
der dich anwedelt
aus den Schaufenstern.
Er irrt. Du
riechst nicht nach Bleiben.

Ein Löffel ist besser als zwei.
Häng ihn dir um den Hals,
du darfst einen haben,
denn mit der Hand
schöpft sich das Heiße zu schwer.

Es liefe der Zucker dir durch die Finger,
wie der Trost,
wie der Wunsch,
an dem Tag
da er dein wird.

Du darfst einen Löffel haben,
eine Rose,
vielleicht ein Herz
und, vielleicht,
ein Grab.

Orientierung

Für Minne

Mein Herz, diese Sonnenblume
auf der Suche
nach dem Licht.

Welchem
der lang vergangenen Schimmer
hebst du den Kopf zu
an den dunklen Tagen?

Wer es könnte

Wer es könnte
die Welt
hochwerfen
daß der Wind
hindurchfährt.

Sehnsucht

Die Sehnsucht
läßt die Erde durch die Finger rinnen
alle Erde dieser Erde
Boden suchend
für die Pflanze Mensch

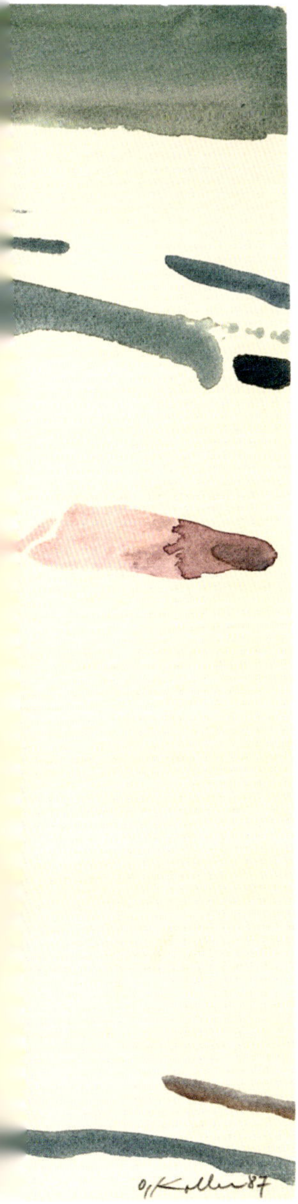

Es gibt dich

Dein Ort ist
wo Augen dich ansehn
Wo sich die Augen treffen
entstehst du

Von einem Ruf gehalten
immer die gleiche Stimme,
es scheint nur eine zu geben
mit der alle rufen

Du fielest
aber du fällst nicht
Augen fangen dich auf

Es gibt dich
weil Augen dich wollen
dich ansehn und sagen
daß es dich gibt

Wege

Veilchen säumen den Weg,
Augen von Erdbeerblüten,
Maiglöckchen.
Der Kuckuck begleitet mich
Ruf um Ruf
auf einem Weg
der nicht der meine ist.
Ein blumenbestandener,
nur nicht der meine.
Nie hab ich die andern
so darauf angesehn
ob der Weg unter ihren Füßen
der ihre ist.

Im Tor schon

Im Tor schon
hobst du den Blick.
Wir sahen uns an.

Eine große Blüte stieg
leuchtend blaß
aus meinem Herzen.

FRAGMENT

Ein jeder geht eingehüllt
in den Traum von sich selber.
In manchen Träumen ist Raum
für den Zweiten
wie in einem Doppelbett.
Fast in allen.

Worte

Worte sind reife Granatäpfel,
sie fallen zur Erde
und öffnen sich.
Es wird alles Innre nach außen gekehrt,
die Frucht stellt ihr Geheimnis bloß
und zeigt ihren Samen,
ein neues Geheimnis.

Das Gefieder der Sprache

Das Gefieder der Sprache streicheln
Worte sind Vögel
mit ihnen
davonfliegen.

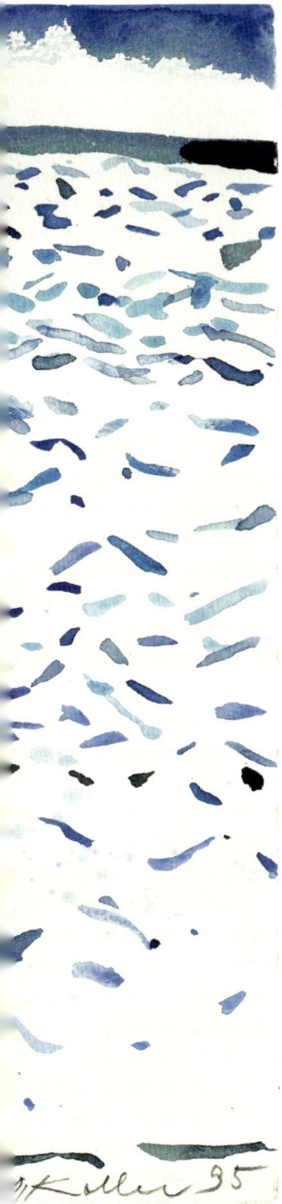

Auf der Terrasse

Das Meer, perlensanft gerieft
und silbern wie Taubenflügel,
kommt von weit
auf mich zu und leckt mich
mit winzigen Wellen
wieder und wieder
und läßt nicht nach
als sei ich sein Junges.
Seine zarte Zunge
auf meinen Augen,
unermüdlich
vor dem weißen Himmel,
hypnotisiert mich
durch das Glas der Terrasse hindurch
mit dem schimmernden Streicheln,
bis es mich anbindet
mit hängenden Armen
auf meinem Stuhl
und vor mir
die Schreibmaschine
verwaist.

Nimm den Eimer

Nimm den Eimer
trage dich hin
Wisse du trägst dich
zu Dürstenden

Wisse du bist nicht das Wasser
du trägst nur den Eimer
Tränke sie dennoch

Dann trage den Eimer
voll mit dir
zu dir zurück

Der Gang
hin und her
dauert ein Jahrzehnt

(Du kannst es fünf- oder sechsmal tun
vom zwanzigsten Lebensjahr an gerechnet)

O. Koller 2000

Die Liebe

Die Liebe
sitzt in der Sonne
auf einer Mauer und räkelt sich
für jeden zu sehn
Niemand hat sie gerufen
niemand könnte sie wegschicken
auch wenn sie störte

Woher kam sie als sie kam?
Man sieht selbst die Katze kommen
oder ein Gedicht auf dem Papier
Und der dunkelfüßige Traum
stellt sich nicht aus

Die Mauer ist leer
wo die Liebe saß
Wohin ging sie als sie ging?
Selbst der Tod, selbst die Träne
läßt eine Spur

Wahl

Ein Mandelbaum sein
eine kleine Wolke
in Kopfhöhe über dem Boden
ganz hell
einmal im Jahr

Einer im kleinen Stoßtrupp
des Frühlings
keinem zu Leid als sich selber
im Glauben an einen blauen Tag
vor Kälte verbrennen

Ein kleiner Mandelbaum sein
am Südhang der Pyrenäen
oder im Rheintal
der bleibt und wächst
wo er gepflanzt ist

Aber entlang gehen
bei diesem Mandelbaum
oder ihn plötzlich sehn
wenn der Zug
aus dem Tunnel kommt

Lachen und Weinen und die unmögliche
Wahl haben
und nichts ganz recht tun
und nichts ganz verkehrt
und vielleicht alles verlieren

Doch mit Ja und Nein und Für-immer-vorbei
nicht müde werden
sondern dem Wunder
leise
wie einem Vogel,
die Hand hinhalten

O/Koller 2000

Bitte

Wir werden eingetaucht
und mit dem Wasser der Sintflut gewaschen
wir werden durchnäßt
bis auf die Herzhaut

Der Wunsch nach der Landschaft
diesseits der Tränengrenze
taugt nicht
der Wunsch den Blütenfrühling zu halten
der Wunsch verschont zu bleiben
taugt nicht

Es taugt die Bitte
daß bei Sonnenaufgang die Taube
den Zweig vom Ölbaum bringe
Daß die Frucht so bunt wie die Blüte sei
daß noch die Blätter der Rose am Boden
eine leuchtende Krone bilden

Und daß wir aus der Flut
daß wir aus der Löwengrube und dem feurigen Ofen
immer versehrter und immer heiler
stets von neuem
zu uns selbst
entlassen werden

Abel steh auf

Abel steh auf
es muß neu gespielt werden
täglich muß es neu gespielt werden
täglich muß die Antwort noch vor uns sein
die Antwort muß ja sein können
wenn du nicht aufstehst Abel
wie soll die Antwort
diese einzig wichtige Antwort
sich je verändern
wir können alle Kirchen schließen
und alle Gesetzbücher abschaffen
in allen Sprachen der Erde
wenn du nur aufstehst
und es rückgängig machst
die erste falsche Antwort
auf die einzige Frage
auf die es ankommt
steh auf
damit Kain sagt
damit er es sagen kann
Ich bin dein Hüter
Bruder
wie sollte ich nicht dein Hüter sein
Täglich steh auf
damit wir es vor uns haben
dies Ja ich bin hier
ich
dein Bruder

Damit die Kinder Abels
sich nicht mehr fürchten
weil Kain nicht Kain wird
Ich schreibe dies
ich ein Kind Abels
und fürchte mich täglich
vor der Antwort
die Luft in meiner Lunge wird weniger
wie ich auf die Antwort warte

Abel steh auf
damit es anders anfängt
zwischen uns allen

Die Feuer die brennen
das Feuer das brennt auf der Erde
soll das Feuer von Abel sein

Und am Schwanz der Raketen
sollen die Feuer von Abel sein

Anhang

In dieser umfassend erweiterten Neuausgabe finden sich Faksimiles zu einigen der bedeutendsten lyrischen Werke von Hilde Domin. Zudem enthält das Buch weitere unveröffentlichte Typoskripte und Manuskripte, die literarische Vorarbeiten zu dem Gedicht, das sie selbst einmal ihr wichtigstes genannt hatte, dokumentieren: „Abel steht auf". Es drückt auf ergreifende Weise die tiefsten menschlichen Sehnsüchte nach Frieden, nach Versöhnung und einem Neuanfang aus.

Hilde Domins Nachlass wird im Deutschen Literaturarchiv in Marbach am Neckar aufbewahrt. Wir hatten Gelegenheit, die Materialien einzusehen und einiges davon auszuwählen. Es sind Dokumente, die nicht nur die Entstehung einzelner Texte in den unterschiedlichen Phasen des Schaffens illustrieren. Darüber hinaus zeigt sich etwa auch, wie umfassend und hingebungsvoll, in immer neuen Korrekturschleifen Hilde Domin ihre Gedichte „errungen" hat.

Warum das Ganze in einem Buch, dass Ihnen und den Beschenkten vor allem Freude machen soll? Weil wir diese so wichtige Wahrnehmung mit Ihnen teilen wollen, dass es immer einen hohen Preis kostet, wenn etwas Großes gelingen soll.

Hilde Domin hat einige Texte mit Ewigkeitswert geschaffen. Sicher auch, weil ihr eigenes Leben als Gelehrte, als Geflüchtete, als Exilantin, in fremden Kultur- und Sprachräumen und auch als Witwe die präzisen Worte ihrer Gedichte mit tiefem Leben erfüllen. Und dies macht sie zur Zeitgenossin: Ihr „Dennoch" hatte immer seinen Preis; aber was wären wir, wo wären wir, wenn nicht immer wieder Männer und Frauen um diese Antworten auf die Fragen ihrer Zeit gerungen hätten und heute ringen würden – koste es, was es wolle.

Abel steh auf
Es muss neu gespielt werden
TägIich muss es neu gespielt werden
täglich
muss die Antwort noch vor uns sein
die Antwort muss ja sein können [die Antwort die ja ist]
wenn du nicht aufstehst Abel
wie soll die Antwort
diese einzig wichtige Antwort
sich je verändern
wir können alle Kirchen schliessen
und alle Gesetzbücher abschaffen
(in allen Sprachen der Erde)
wenn du nur aufstehst
und es rückgängig machst
die erste falsche Antwort
auf die einzige Frage
auf die es ankommt
steh auf
damit Kain sagt
damit er es sagen kann
ich bin dein Hüter
Bruder
wie sollte ich nicht dein Hüter sein
täglich steh auf
damit wir es vor uns haben
dies]ja ich bin hier
ich dein Bruder

Damit die Kinder Abels
sich nicht mehr fürchten
weil Kain nicht Kain istwird [Das Präzedenz zurückgenommen]
Ich schreibe dies
ich ein Kind Abels
und fürchte mich täglich
vor der Antwort
die luft in meiner Lunge wird weniger [vor meinem Munde]
wie ich auf die Antwort warte [Ich kenne dich oder ich kenne dich nicht]

Abel steht auf
damit es anders anfängt
zwischen uns allen.

Es sollen die Kinder von Abel
die Mehrheit haben über die Kinder von Kain.

Die Feuer die brennen
Das Feuer das brennt auf der Erde
soll das Feuer von Abel sein

und am Schwanz der Raketen
sollen die Feuer von Abel sein.

Kain war schwer, sein Körper war [illegible]
Abel war ein Blumenstrauß vor dem Wind.

1.

Kain lag
Abel schlief
Kain ~~[illegible]~~ Füsse waren die schwere
sich Hügel [illegible]
Abel saß auf einem Zweig
und sang
über den Abend
über den eine [illegible] weil er [illegible] war.
von Blumen [illegible]
Kain grub sich [illegible]
die Erde war [illegible] beim [illegible]
Abel aß Sonne und schluckte Wolken
Kain [illegible] Erde in Wolkenlöcher
Abel [illegible] wie ein [illegible] der Tauben
auf der Schulter

[illegible] wie ein
es ist eine tausend Rosen

Die Tage von Kain waren wie Steine [illegible] ~~[illegible]~~
die Tage von Abel waren wie [illegible]

Feigen [illegible] Haut glatt von Küssen
ohne die Haut [illegible]
oder wie eine Farbe [illegible] Arm
[illegible] voll ~~[illegible]~~ wo [illegible]

Hilde Domin haben wir bei einer Lesung kennengelernt, die wir 1999 organisierten. Bei dieser Begegnung entstand der Gedanke, einen Geschenkband mit ihren Gedichten herauszugeben.

Im Rahmen der Vorarbeiten zum Buch, das 2000 unter dem Titel „Wer es könnte“ erschien, haben wir Hilde Domin in ihrer Wohnung in Heidelberg besucht. Hier entstanden auch die Fotografien von der Autorin in diesem Buch.

Als letztes Gedicht dieser Lesung trug sie „Abel steh auf“ vor. Sie erwähnte, dass dieser Text von besonderer Bedeutung ist, da er der Hoffnung auf eine zweite Chance Ausdruck verleiht.

Die letzten Zeilen „Und am Schwanz der Raketen / sollen die Feuer von Abel sein“ hat sie später unter dem Eindruck der ersten Mondlandung ergänzt.

Hellena Astáras, Thomas Hein

[illegible] Abel erschrak weil die Figur [illegible]
verschwunden war

denn [illegible] [illegible] [illegible]
kleinen [illegible]

[illegible] Figur

[illegible] Kain [illegible] [illegible]
[illegible] Vereinigung

und [illegible] Kain [illegible] [illegible] auf

und [illegible] [illegible] [illegible] Kain

und [illegible] [illegible]
Welt

[illegible]

[illegible] [illegible] [illegible] [illegible]

da [illegible] [illegible] [illegible]

[illegible] [illegible] ~~[illegible]~~ [illegible] Augen

[illegible] [illegible] [illegible]

und alles [illegible] [illegible] [illegible]

Abel [illegible] die ~~Augen~~

~~denn [illegible] Kain~~
~~[illegible] [illegible] [illegible] [illegible]~~
~~[illegible] Kain~~

denn [illegible] [illegible] [illegible] [illegible]

Kain [illegible] [illegible] [illegible] [illegible] [illegible]
und [illegible] nicht

[illegible] [illegible] denn

Dann [illegible] [illegible] [illegible]

[illegible] helfen

[illegible] nicht [illegible]

Danach [illegible] ~~Kain~~ und Abel

[illegible] ?

[illegible] [illegible] [illegible] [illegible] [illegible] [illegible] [illegible]

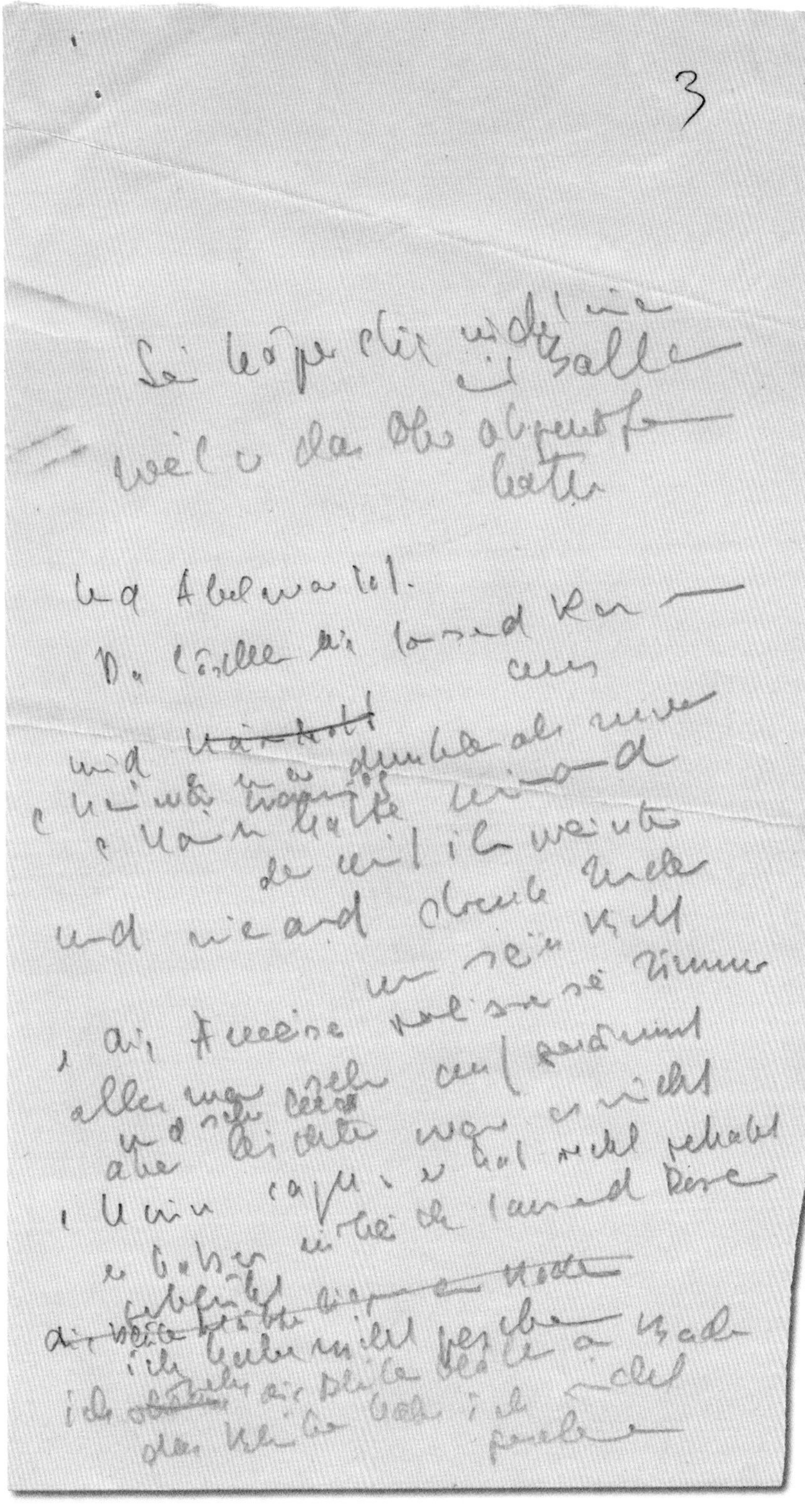
3

Kain war schwer, sein Körper wog
Abel war ein Blumensamen vor dem Wind

Kain ging
Abel flog
Kains Füsse waren ihm schwer
sein Körper wog
Abel sass auf dem Zweig
und sang
über einem Abgrund
über den ein Auffangnetz
von Blumenranken gespannt war.
Kain grub die Erde um
die Erde war zäh
Abel asss Sonnenblumenkerne
Kain sagte: es ist schlechtes Wetter
Abel zeigte ihm den Strahl im Wolkenloch
auf dem Schiff wie eine leuchtende Taube ?

Es ist eine Festbeleuchtung wie von Tausend Rosen
Die Tage von Kain waren wie ein Sack Steine
Die Tage von Abel waren wie reife Feigen
denen die Haut platzt vor Süsse
oder wie eine Garbe Korn
zu voll um sie zu umspannen (mit den Armen)
Und Abel erschrak weil die Tage so verschieden waren
denn sie schliefen unter dem gleichen Dach.
Er bot Kain von seinen Feigen an
und bat ~~ihmxumxverzeihung~~ Kain um Verzeihung
und des Nachts stand er auf
und streute Zucker um Kains Bett.
Kain sagte am Morgen:
Das Mädchen hat schlecht gekehrt
der Boden ist voller Sand
er knirscht unter den Sohlen
und alles ist voller Ameisen
Abel sah die Ameisen und war traurig
denn er liebte Kain
Kain hieb sich ein Ohr ab
und fand sich hässlich im Spiegel.
~~Dannxweintexerxzusammenxmitxxabelxxx~~
Dann weinten sie zusammen denn sie liebten sich
und konnten sich nicht helfen.
Danach erschlug er den Abel ?

Es machte seinen ~~xxagxn~~ Kains Tage nicht heller
seinen Körper nicht leichter
dass er sich vor Neid verstümmelt hatte.
Danach erschlug er den Abel

Sein Körper stieg nicht wie ein Ballon ?
weil er das Ohr abgeworfen hatte.
Und Abel war tot.

28/29

Da löschten die tausend Rosen aus
und es war dunkler als zuvor
~~und~~ Kain war traurig
und Kain hatte niemand der mit ihm weinte
~~und~~ niemand streute Zucker um sein Bett
und die Ameisen ~~räumten~~ verliessen das Zimmer
all.

alles war sehr aufgeräumt und sehr leer.
aber leichter war es nicht,
und Kain sagte:er hat recht gehabt
es haben wirklich tausend Rosen geblüht
Ich sehe die Blütenblätter am Boden
das Blühen habe ich nicht gesehen.

7.8.Juni 57

Hon den Blüh
habe ich nicht gesehen

Kaing ging
Abel flog
Kains Füsse waren ihm schwer
sein Körper wog
Abel sass auf dem Zweig
und sang
über einem Abgrund irgendwo in der Luft
darunter ein Auffangnetz über einem Boden aus Blumenranken
von Blumenranken gespannt war.
Kain grub die Erde um
die Erde war zäh
Abel ass Sonnenblumenkerne.
Kain sagte:Es ist schlechtes Wetter
Abel zeigte ihm den Strahl im Wolkenloch

Es ist wi eine Festbeleuchtung wie von tausend Rosen
in der Lampe von Abels Körper

Die Bahnhöfe

kommen von weither

und gesicht der Mann

[illegible]

kommen sie

den weiten weg

um dies welt abzugeben

[illegible] an die

im fernen weichen

er läuft das weiß ich

er breitet die Arme aus

er sagt das weiß ich

mit diesem brennenden weg

den zahlt ich [illegible]

fast er nichts mehr

geht in die weiten.

22.3.64

Die Botschafter
kommen von weither
vpn jenseits der Mauer

barfuss
kommen sie
den weiten Weg

um dies Wort abzugeben
Finer steht vor dir
in fernen Kleidern

er bringt das Wort Ich
er breitet die Arme aus
er sagt das Wort ich

mit diesem trennenden Wort
eben saht ihr euch an
ist er nicht mehr

geht in dir weiter.

22.3.64

schöner

schöner sind die gedichte des glücks.

Wie die Blüte schöner ist als der Stengel
der sie doch treibt
sind schöner die gedichte des glücks.

Wie der Vogel schöner ist als das Ei
wie es schön ist wenn licht wird
ist schöner das glück.

Und sind schöner die gedichte
die ich nicht schreiben werde.

Schöner

Schöner sind die Gedichte des Glücks.

Wie die Blüte schöner ist als der Stengel
der sie doch treibt,
sind schöner die Gedichte des Glücks,
wie der Vogel schöner ist als das Ei,
wie es schön ist wenn Licht wird,
ist schöner das Glück,
und sind schöner die Gedichte
die in mir waren,
und die ich nicht schreiben werde.

Hilde Domin

Wie wenig nütze ich bin!

Wie wenig nütze ich bin,
ich hebe den Finger und hinterlasse
nicht den kleinsten Strich
in der Luft.

Die Zeit verwischt mein Gesicht,
sie hat schon begonnen.
Hinter meinen Schritten im Staub
wäscht Regen die Strasse blank
wie eine Hausfrau.

Ich war hier.
Ich gehe vorüber
ohne Spur.
Die Ulmen am Weg
winken mir zu wie ich komme,
grün blau goldener Gruss
~~in der Abendsonne~~,
und vergessen mich
eh ich vorbei bin.

Ich gehe vorüber, —
aber ich lasse vielleicht
den kleinen Ton meiner Stimme,
mein Lachen und meine Tränen
und auch den Gruss der Bäume im Abend
auf einem Stückchen Papier.

Und im Vorbeigehen
ganz absichtslos
zünd ich Laternen an
in den Herzen am Wegrand.

15. 20/21. Mai

La Verdad

siehe Seite 14

Wie wenig nütze ich bin,
ich hebe den Finger und hinterlasse
nicht den kleinsten Strich
in der Luft.

Die Zeit verwischt mein Gesicht,
sie hat schon begonnen.
Hinter meinen Schritten im Staub
wäscht Regen die Strasse blank
wie eine Hausfrau.

Ich war hier.
Ich gehe vorüber
ohne Spur/Die Ulmen am Weg ,
grün blau goldener Gruss,
vergessen mich
eh ich vorbei bin.

Ich gehe vorüber,
aber ich lasse vielleicht
den kleinen Ton meiner Stimme,
mein Lachen und meine Tränen,
auch
und den Gruss der Bäume im Abend
auf einem Stückchen Papier.

Und im Vorbeigehen /ganz absichtslos/
zünde ich Lichter an   Laternen
in den Herzen.

ganz ohne mein Zutun

Die Ulmen am Weg
~~grüssen mich~~   winken mir zu,
grün blau goldener Gruss
in der Abendsonne,
und vergessen mich
noch eh ich vorbei bin.

~~Überkraft d. Feste~~

~~Txxpxxxx~~
Nur eine Rose als Stütze

Ich richte mir ein Zimmer ein in der Luft
unter den Akrobaten und Vögeln:
mein Bett auf dem Trapez des Gefühls
wie ein Nest im Wind
auf der äussersten Spitze des Zweigs.

Ich kaufe mir eine Decke aus der zartesten Wolle
der sanftgescheitelten Schafe die
im Mondlicht
wie schimmernde Wolken
über die feste Erde ziehn.

Ich schliesse die Augen und hülle mich ein
in das Vliess der verlässlichen Tiere.
Ich will den Sand unter den kleinen Hufen spüren
und das Klicken des Riegels hören
der die Stalltür am Abend schliesst.

Aber ich liege in Vogelfedern, hoch ins Leere gewiegt.
Mir schwindelt. Ich schlafe nicht ein.
Meine Hand
greift nach einem Halt und findet
nichts als eine Rose für mein Kissen.

Nur eine Rose als Stütze

Ich richte mir ein Zimmer ein in der Luft
unter den Akrobaten und Vögeln:
mein Bett auf dem Trapez des Gefühls
wie ein Nest im Wind
auf der äussersten Spitze des Zweigs.

Ich kaufe mir eine Decke aus der zartesten Wolle
der sanftgescheitelten Schafe die
im Mondlicht
wie schimmernde Wolken
über die feste Erde ziehn.

Ich schliesse die Augen und hülle mich ein
in das Vliess der verlässlichen Tiere.
Ich will den Sand unter den kleinen Hufen spüren
und das Klicken des Riegels hören
der die Stalltür am Abend schliesst.

Aber ich liege in Vogelfedern, hoch ins Leere gewiegt.
Mir schwindelt. Ich schlafe nicht ein.
Meine Hand
greift nach einem Halt und findet
nur eine Rose ~~xxxxxxxxxxxxxx~~ als Stütze.

Hilde Domin

27.7.1909*	Hilde Löwenstein wird in Köln geboren.
1929-32	Studium in Heidelberg, Köln, Bonn, Berlin, Rom; Abschluss in Heidelberg (Diplomvolkswirt)
1933-39	Exil in Italien, Studium in Florenz und Rom
30.10.1936	Hochzeit mit Erwin Walter Palm in Rom
1939-40	Exil in England
1940-44	Exil in der Dominikanischen Republik
1945-47	USA-Besuche
1948-51	Lehrtätigkeit an der Universität von Santo Domingo
1954	Rückkehr aus dem Exil; erste Veröffentlichungen
1955-57	Erster Spanienaufenthalt
1957-59	Rückkehr nach Deutschland
1959	„Nur eine Rose als Stütze. Gedichte"
1959-61	Zweiter Spanienaufenthalt
1961	Umzug nach Heidelberg
1962	„Rückkehr der Schiffe. Gedichte"
1964	„Hier. Gedichte"
1970	„Ich will dich. Gedichte"
1964-79	zahlreiche internationale Lesereisen
1987	„Gesammelte Gedichte"
1987/88	Frankfurter Poetik-Dozentur
7.7.1988	Tod Erwin Walter Palms
1988/89	Mainzer Poetik-Dozentur
1999	„Der Baum blüht trotzdem. Gedichte"

Am 22.2.2006 verstarb Hilde Domin.

* In verschiedenen Veröffentlichungen wird das Jahr 1912 genannt. Das geht darauf zurück, dass Hilde Domin ihr Geburtsjahr vor der Veröffentlichung ihres ersten Buches umdatierte. Über diese kleine Unwahrheit ließ sie die Öffentlichkeit bis zu ihrem 90. Geburtstag im Unklaren.

Begegnungen mit der Lyrikerin

1959 erschien Hilde Domins erster Gedichtband „Nur eine Rose als Stütze". *„Walter Jens schrieb damals, mit der Rose sei die deutsche Sprache gemeint, die der Halt gewesen sei in den Jahren des Exils. Was mich (Hilde Domin) sofort überzeugte."*
Als wir Hilde Domin 1999 in ihrer Heidelberger Wohnung besuchten, führte sie uns durch die einzelnen Zimmer und rezitierte dabei eines ihrer Gedichte (Mit leichtem Gepäck): *Gewöhn dich nicht. / Du darfst dich nicht gewöhnen. / Eine Rose ist eine Rose. / Aber ein Heim / ist kein Heim.* Wie viel Schmerz liegt in diesen Worten, aber auch so viel Stärke.
Sehr persönlich erzählte sie uns später mehr aus ihrem Leben als Exilantin und Heimkehrerin, als Jüdin, die vor den Nazis fliehen musste und nach der Schreckensherrschaft endlich zurückkam.
Auch wenn sich Hilde Domin den Namen der Exilinsel zu Eigen gemacht hatte, war sie erst wieder ganz bei sich, nachdem sie als Dichterin im deutschen Sprachraum Gehör gefunden hatte.
Sie hatte ein Anliegen und ihre Lyrik offenbart etwas von ihrer großen Kraft und ihrem Urvertrauen, aber auch von ihren inneren Widersprüchen und Verletzungen.
Ihr Thema war das „Dennoch", das Vertrauen, mit ihrer Lyrik der Wirklichkeit etwas entgegensetzen zu können.

Hellena Astáras

Nur eine Rose als Stütze: siehe Seite 8

Ich höre das Schweben der Vögel
und fühle den kühlenden Wind.
Im wechselnden Licht sehe ich das Meer
und die Menschen in ihrer Vielfalt.
Immer erneut entstehen in mir Bilder
und ich male das Grau, sehe das Grün
und vergesse nicht das Blau.
Was wäre das Blau ohne Rosa!

Oskar Koller

Oskar Koller

16.10.1925	Geboren in Erlangen
1947–50	Besuch der Fachhochschule für Gestaltung, Nürnberg
1951	Erste große Reise nach Italien, Schüler bei Christian Klaiber
1954	Stipendium der Stadt Nürnberg
1954–59	Studium an der Akademie der Bildenden Künste Nürnberg
1956	Förderpreis der Stadt Nürnberg
1957	Stipendium des DAAD für Paris
1959	Beginn der Tätigkeit als freischaffender Maler
1983	Kulturpreis der Stadt Erlangen
1985–86	Gastprofessur an der Akademie der Bildenden Künste in Nürnberg
1987	Internationaler Senefelder-Preis, Offenbach
1994	Friedrich-Baur-Preis der Akademie der Schönen Künste, München
1996	Kunstpreis der Nürnberger Nachrichten, 1. Preis
1997	Medaille Pro Meritis des Bayer. Staatsministeriums für Unterricht, Kultus, Wissenschaft und Kunst
2002	Wolfram-von-Eschenbach-Preis

Am 17.5.2004 verstarb Oskar Koller.

Reisen nach Italien, Frankreich, Spanien und Kanarische Inseln, Jugoslawien, Griechenland, Türkei, Tunesien, Marokko, Ägypten, Syrien, Algerien, Israel, USA, Indien, Nepal, Japan, Hongkong, China, Taiwan, Sri Lanka, Thailand, Burma, Jemen, Bali, Mexiko, Guatemala

Begegnungen mit dem Künstler

Jolande und Oskar Koller empfingen mich herzlich in ihrem „Atelier-Wohn-Haus" in Nürnberg. Wir hatten uns verabredet, um die Bildauswahl für das Buch „An den Ufern des Lichts" zu treffen. Als ich dabei ein abstraktes Bild über Kopf hielt, lachte Oskar Koller mich freudig an und sagte zu mir: „Offensichtlich ist mir das Bild gelungen, denn dann stimmen die Gewichte!" Kurz darauf zeigte er mir sein großes und lichtes Atelier. Auf dem Tisch lag ein Aquarell, das er sich nachdenklich anschaute. Nach einer Weile setzte er dann gezielt einen Farbklecks als Kontrapunkt an den Rand und sagte: „Jetzt ist es fertig!"
Ich bin sehr dankbar für die Treffen mit Oskar Koller, bei denen ich viel über die Kunst, das Sehen und Hören lernen konnte – Musik inspirierte ihn oft beim Malen. Die Begegnungen mit diesem staunenden, offenen und zugewandten Menschen haben mich geprägt.
Heute bin ich froh, dass wir in Zusammenarbeit mit Maria und Herbert Koller das Werk von Oskar Koller publizistisch weiter pflegen dürfen. Dieses Buch erscheint nun bereits in der vierten umfassend erweiterten Auflage.

Thomas Hein